PROCÈS ET DÉFENSE

DE JOSEPH BEUF,

PROLÉTAIRE,

CONDAMNÉ A TROIS ANS ET DEMI DE PRISON
ET 2,500 FR. D'AMENDE,

Par la Cour d'Assises du Rhône,

POUR OFFENSES ENVERS LA PERSONNE DU ROI ET ATTEINTES AUX
DROITS QUE LE ROI TIENT DU VŒU DE LA NATION.

Prix : 40 cent.

LYON,
CHEZ LES PRINCIPAUX LIBRAIRES.

1832.

COUR D'ASSISES DU RHONE.

AUDIENCE DU 18 JUIN 1832,

Présidence de M. DANGEVILLE, assisté des conseillers DENANT et
BRÉGHOT DU LUTH.

Maudira ses juges qui voudra, mais ce ne sera pas moi ! —
Dieu ! les bons jurés que m'avait donnés M. le préfet ! Tous
excellens propriétaires, gens payant fort exactement leurs
patentes et leurs portes et fenêtres, et, par dessus le marché, croyant encore à la charte de 1830, croyant aussi à
Louis-Philippe, etc., etc., etc., croyant en un mot, et
pour tout dire, à tout ce qu'un *bon, loyal et dévoué sujet doit
croire.*

Et moi, pauvre prolétaire, *mauvais sujet*, ne croyant,
comme j'ai eu l'honneur de le dire à M. le président des
Assises, à aucune des belles choses qui *constituent notre ordre politique actuel*, comment pouvais-je espérer sortir sans
blessures de ce petit combat ? Jamais délit fut-il mieux
prouvé que le mien ? Pouvais-je échapper à une condam-
nation ? Mon acquittement ne devenait-il pas un vrai scan-
dale ? Je m'en rapporte au *Courrier de Lyon*, le grand juge
par excellence, le prévôt des prévôts, le distributeur pa-
tenté du blâme et de la louange !

Il était, ma foi, bien nécessaire d'y regarder de si près
avec un homme qui n'est ni épicier, ni banquier ! Voilà,
un grand malheur vraiment que d'envoyer un audacieux,
pendant trois ans et demi, *dans les prisons du roi !* Où pour-
rait-il trouver de meilleurs préceptes et de plus fructueux
exemples ! Les écrivains ministériels valent-ils la compa-
gnie de MM. les voleurs et de MM. les mouchards dont il
sera entouré... ? et dans les longues nuits d'hiver, couché
sur la paille moisie du gouvernement, n'aura-t-il pas le
temps d'estimer à leur juste valeur toutes les vérités de la
charte vérité ?... Ne te plains donc pas, prolétaire ! car, on
t'envoie à une bonne école, on t'envoie à l'école des bonnes mœurs, à l'école de la sagesse et de la résignation !
Là, tu pèseras une à une toutes les garanties achetées par
la mort de six mille Français ; là, tu rêveras tout à ton aise

de la chimère de la république; là, tu apprendras à connaître toutes les douceurs d'un gouvernement constitutionnel, *d'une monarchie à programmes et à poignées de mains;* heureux, si tu reviens corrigé de ta manie de gloser sur les hommes qui emprisonnent et qui tuent!

Ne vas pas au moins t'effrayer à l'avance sur le séjour de Riom ou d'Embrun : on est *passablement* dans ces maisons. Le matin, à cinq heures tu te lèveras au premier coup de cloche. Ta toilette sera bientôt faite, attendu qu'on ne se déshabille pas, et pour cause. Pour faire comme les autres, tu te mettras à genoux et prieras Dieu qu'il répande toutes ses grâces sur la France, c'est-à-dire, sur le Roi et sur son auguste famille. Après quoi, tu descendras à l'atelier, où tu carderas de la laine destinée à confectionner des tapis pour la cour ou des couvertures pour les chevaux de la cour. Tu travailleras ainsi, sans relâche toute la journée, afin de payer en partie la soupe de fèves que le gouvernement des barricades te donnera chaque matin. Le soir, avant de t'étendre sur la paille du juste-milieu, tu recommenceras ta prière, c'est l'usage; avec cette différence, que le soir cette prière est un peu plus longue, parce qu'on prie non-seulement pour le Roi et pour ses enfans, mais encore pour les ministres du Roi et pour les enfans des ministres du Roi. Allons, Messieurs! qui veut jouir du droit qu'a tout Français de publier ses opinions? Ce n'est pas cher, voyez! Trois ans et demi de prison et 2,500 francs d'amende! C'est vraiment pour rien! Il faudrait ne pas avoir trois ans et demi à sa disposition et 2,500 francs à consacrer à la splendeur du trône pour ne pas goûter de la permission grande! Profitez! profitez! Demain, il ne sera peut-être plus temps! demain peut-être M. Etienne, le rédacteur du *Constitutionnel*, reprendra son ancien métier de censeur, alors... Mais, je me hâte d'arriver aux débats de mon procès.

M. le Président. Accusé, comment vous appelez-vous?

R. Joseph Beuf.

D. Votre âge?

R. Trente ans.

D. Où demeurez-vous?

R. A Lyon.

D. Votre profession?

R. Prolétaire.

M. le Président. Accusé, je vous préviens que je vais tirer au sort le nom de MM. les jurés qui doivent connaître de votre affaire. La loi vous accorde le droit d'en récuser neuf.

L'Accusé. Je ne récuse personne.

Cette opération terminée, M. le Président ordonne au greffier de lire le pamphlet incriminé.

Le Greffier : Un pamphlet de plus ou de moins contre un *gouvernement fort, contre un gouvernement aimé, adoré,* c'est bien peu de chose, il faut en convenir. Si encore ce pamphlet contenait quelques vérités aussi *vraies* que celle du programme de l'Hôtel-de-Ville, dont vous tous, mes amis et moi, savourons les inappréciables conséquences ; si surtout ce pamphlet, ami de la vérité, ne nous cachait pas trop le bonheur et la joie qui nous étouffent, encore passe ! mais mon pamphlet, à moi, est une œuvre de mensonges et de calomnies, une œuvre de dérision et d'ingratitude. Vous le dirai-je ? Satan me pousse : en avant donc !

Et d'abord, procédons à l'inventaire de la monarchie dite *citoyenne, dite bourgeoise, dite à bon marché, dite républicaine,* si vous aimez mieux ; car un peu avant sa naissance, et quelques jours après, elle était tout cela. C'était beaucoup, c'était trop sans doute ; aussi, M. de Montalivet, qui se connaît en monarchie, a-t-il bien voulu nous apprendre qu'une monarchie *n'était qu'une monarchie* et rien de plus : nous le savions déjà.

Or donc, une monarchie n'étant qu'une monarchie, nous fûmes de vrais sots, le jour où nous réclamâmes *certaines institutions républicaines promises par la monarchie ;* nous fûmes de grands niais, lorsque nous nous avisâmes de dire un peu plus tard : mais ce n'est pas cela !..... où nous fourrez-vous ?..... nous rebroussons chemin ! Vous aviez promis de marcher, et vous reculez ? C'est mal à vous de nous tromper ainsi, nous, de si bonne foi ; nous, qui avions fait des conditions qu'il vous était loisible de refuser ; car enfin, on ne vous menaçait pas de la corde ! Pourquoi alors ne pas nous dire franchement : je ne suis pas votre homme ; cherchez ailleurs !.... Vous me croyez du génie, du désintéressement ? erreur ! Vous voulez narguer les rois ? cela ne me convient pas, car les rois sont mes cousins ! Vous n'aimez pas l'aristocratie ?.... moi, je l'aime, parce que je suis duc ! Vous voulez réduire à rien les appointemens de la royauté ? mais au diable la royauté alors !... la royauté ? c'est de l'argent ! c'est de l'or ! beaucoup d'or ! la royauté ?... Lisez donc Lafontaine, ignorans ! Il vous apprendra peut-être quels sont ses attributs.

Dans *une de ses petites fables,* il s'agit de partager un *cerf mort entre quatre parties prenantes.* Ces quatre *co-partageurs* sont un lion *et trois bêtes prolétaires.*

Le lion, c'est le roi ; le cerf, *c'est le peuple, ce sont des douzièmes, c'est tout ce que vous voudrez !* La liste civile du lion n'étant pas votée, force est bien à ce roi-citoyen de se servir, et voici comment il se sert :

> Nous sommes quatre (dit-il) à partager la proie.
> Puis en autant de parts, le cerf il dépéça.
> Prit pour lui la première, *en qualité de sire ;*
> Elle doit être à moi, dit-il, et *la raison*
>   *C'est que je m'appelle lion !*
>   *A cela l'on a rien à dire.*
> La seconde, *par droit*, me doit écheoir encor ;
> *Ce droit*, vous le savez, *c'est le droit* du plus fort.
> Comme *le plus vaillant*, je prétends la troisième ;
> Et si quelqu'un de vous touche à la quatrième,
>   *Je l'étranglerai tout d'*abord.

Est-ce clair cela ? Voilà toute une charte dans cette fable ! et quelle charte !

Prit pour lui la première ! la première part ; c'est-à-dire, la meilleure, la plus grosse, la plus complète.

— *A cela l'on n'a rien à dire.* Ce qui, en langage constitutionnel, équivaut à point d'observations, point de contrôle, point de...

La seconde, par droit me doit écheoir encor..... par droit ! Dieu ! par droit ! c'est par droit qu'elle m'écheoit ! impossible alors de me ravir mon droit... Ce serait injustice !

— Comme *le plus vaillant, je prétends la troisième :* Jemmape, Valmy... Le plus vaillant.... c'est incontestable !

Si quelqu'un de vous touche à la quatrième, je l'étranglerai tout d'abord ! non ! non ! pas si méchant, *étrangler* est ici pour : garnisaires ; saisies par autorité de M. le préfet ; ventes de lits, tables, chaises et marmites sur la place publique, un jour de marché ! Etrangler ! non ! non ! *Pourquoi étrangler de pauvres diables ?* il faut de l'humanité. Ainsi, c'est bien entendu, on n'étranglera pas !

En toutes choses, il n'est que de s'entendre. On ne s'est pas entendu, voilà qui est certain ! — Les uns disaient : *Bâclons ! bâclons vîte !* c'est une bonne affaire ! Un autre répondait : Me voilà ! en chantant : *Aux armes, citoyens ! En avant, marchons !* Et puis, les grenouilles criaient si fort : un roi ! un roi ! n'importe lequel, il nous faut un roi ! que ma foi, *ils* vous *le* prirent un beau matin : *l'huilèrent*, *l'empoulèrent et le sacrèrent*, à grands renforts de discours et de sermens. — Qui fit ce beau chef-d'œuvre ? — Le peuple. — Le peuple ! quel peuple ? — Tout le peuple, puisque, ce jour là, *tout le monde votait*. — Alors, l'assemblée dut se tenir dans les pleines de la Champagne, car trente-deux millions... — Non, dans une petite salle bien accorte, bien gentille. — *L'opération* dura plusieurs mois, sans doute, et la queue était longue ? — Pas trop longue, la queue ; quant à *l'opération* elle dura trois heures, ni plus, ni moins. — C'est extraordinaire ! avoir pu réunir trente-deux millions de votes en trois heures !... — Qui vous parle de trente-deux millions ? ils étaient 219 qui représentaient le peuple, tout le peuple ; il faut bien les croire, puisqu'ils l'ont dit ! — C'est un vrai phénomène que cette *opération !* Et les Noces de Cana ; et le pain qui se transforma en cinq mille pains ; et le poisson qui multiplia en milliers de poissons, ne deviennent que bagatelles auprès de ce que vous me racontez, si toutefois vous êtes exact ! — D'autant plus exact que j'ai vu le phénomène, mais de mes yeux vu, ce qui s'appelle vu ! Attiré par la nouveauté du spectacle, j'étais là avec d'autres badauds, curieux comme moi d'envisager une monarchie toute neuve, sans fissure ni crevasse ! Un instant, je crus même pouvoir toucher une des extrémités de l'idole, mais par malheur, ce jour-là, j'avais des gants et un habit propres, force me fut donc de *regarder sans toucher*.

C'est ainsi qu'à *la comédie des 15 ans*, succéda une parade qui elle-même devait faire place à un drame non moins admirable qu'admiré. Une fois reconstruite avec les matériaux apportés dans les chariots autrichiens en 1814, la monarchie devait nécessairement quitter son rifflard, cesser de *patrouiller*, de parler économies et de *chanter la Marseillaise !* aussi le fit-elle et de bon cœur, car il devait lui en coûter de donner le mot d'ordre et de répéter en variation, à grand et à petit orchestre : *Je suis républicain, je l'ai toujours été !* Mais, c'était nécessaire, très-nécessaire ! Point de duc républicain, partant point de roi-citoyen, point de roi des Français, point de liste civile, point de châteaux, point d'indemnités, point de frais d'installation ; point de courtisans ! — Une vie bien bourgeoise, bien monotone ! des locataires et non des sujets ! des débiteurs et non des contribuables !... Était-elle grande la différence ?... *pas de juste milieu ce jour-là !* — Duc ou roi ! — Duc, c'est peu de chose ; il y en a autant que de laquais ! — Roi, et surtout

roi de France, peste ! — Que faut-il pour être roi des Français, car je ne vois pas de différence? Républicain, dites-
vous! *je le suis, j'ai toujours été républicain.* — Bon Français?
— *Je n'ai jamais déserté, je n'ai jamais porté les armes contre
mon pays, et la cocarde tricolore a toujours été la mienne.* Il
faut encore être habile, bon administrateur, sage, économe, rangé? — Eh! bien, regardez-moi! Examinez-moi!
Ma maison a toujours été de verre. Pour bon administrateur, je m'en flatte; car je n'ai pas d'intendant, bien que
mes revenus soient de dix millions de francs. — Sage? Eh!
mais, personne ne l'est plus que moi : pas de maîtresses et
sept enfans légitimes! Économe? Je ne dépense presque
rien, et chaque année ma fortune s'arrondit. Je ne vous en
dis pas davantage : plus tard *vous me connaîtrez mieux, général Dubourg!* CETTE VÉRITÉ-LA, A ÉTÉ UNE VÉRITÉ!

Que d'aucuns blâment un postulant qui convoite un
trône, de se peindre en beau, afin d'avoir la préférence, ce
ne sera pas moi, certes! — Un roi ou un *quasi roi* fait son
métier de roi quand il trompe; — C'est au peuple aussi
à faire son métier de peuple, s'il en a le courage, tant
pis pour lui, s'il l'oublie, car, plus tard, il paie cher son
indifférence ou son apathie.

Ils étaient là, comme je vous disais tout à l'heure, *deux
cent dix-neuf,* dont la plus grande partie *n'étaient plus députés,*
témoin M. Dupin, l'aîné des trois Dupins; de leur charte,
à eux, de la charte qui leur avait *donné le droit* d'arrondir
des phrases en buvant de l'eau sucrée et en grimaçant le
patriotisme; de cette charte, dis-je, il ne restait plus rien !
le canon l'avait brûlée, anéantie! pas le plus petit lam-
beau! par la moindre parcelle de la susdite charte ! — De
roi, pas davantage, car le dernier fuyait par la route de
Cherbourg pour ne jamais revenir.

Attendez, dit M. Dupin, *redevenu député* après le départ
des troupes royales, attendez! j'ai votre affaire, vous avez
besoin d'un roi, dites-vous ? eh! bien, *prenez mon ours!* —
Est-il heureux! il a fait un lazzi. — Expliquez-vous mieux.
— C'est tout expliqué, je veux qu'il soit roi, et cela, tout
de suite. — Un instant! un instant! pas tant de précipitation. Vous n'êtes pas Paris, vous n'êtes pas la France? consultons Paris, consultons la France. — Qu'est-il besoin de
consulter la France ? Nous avons bien besoin de son avis! La
France fera ce que nous voudrons et pas autre chose; et
puis, ne sommes-nous pas la France, nous; mais, la
France éclairée, la France sage, la France propriétaire!

que nous importe alors ce que veut ou ce que ne veut pas l'autre France; moitié idiote, moitié barbare! demandez plutôt à mon frère le statéticien! la France n'est que cela. — Allons, est-ce décidé? est-ce convenu? — Pas encore. — Mais songez donc que par là nous *sauvons* le pays, et qu'à tout jamais, le nom de sauveur nous reste. — Comme vous êtes pressé, M. Dupin! mais j'y pense; vous nous offrez un roi, et de charte, où en prendrons-nous une? — Je me charge de tout, laissez-moi faire. Contentez-vous de crier: Vivent les 221! vive le lieutenant-général! vive! vivent!... Dans les journaux, dites au peuple qu'il a été grand! qu'il a été sublime! appelez-le *peuple souverain!* N'oubliez pas de lui parler de son courage et plus encore de son *omnipotence!* Répétez-lui sans cesse qu'à présent le peuple est tout! que rien ne se fera sans lui! si ces assurances le trouvent froid et qu'il veuille *batailler encore;* insinuez-lui que Charles X se cantonne à Rambouillet pour assiéger Paris dans quelques jours; aussitôt vous le verrez prendre son vol de ce côté; et nous, pendant ce temps, nous pourrons achever notre œuvre.

Comme il avait dit, la chose arriva; car pendant que les uns creusaient des fosses pour enterrer leurs frères et leurs amis, et que les autres poursuivaient à Rambouillet les débris du vieux trône; pendant ce temps-là, dis-je, les sauveurs travaillèrent tant et si bien, que ce fut merveille de voir leur habileté et leur gentillesse.

M. Dupin et M. Bérard s'étaient mis à la besogne avec tant d'ardeur, qu'en moins de rien ils *procréèrent* une petite charte ressemblant comme deux gouttes d'eau à sa sœur de 1814. — Mêmes traits! même taille! jamais créatures humaines n'offrirent un pareil exemple de portraiture; — Aussi, les pères de *la cadette*, pour ne pas confondre leur chère enfant avec sa sœur aînée, l'habillèrent-ils d'un costume tout à fait différent. L'aînée conserva sa robe bleu de Prusse et son voile anglais; la cadette fut parée d'un superbe domino de bal, d'un beau masque de velours et *d'une ceinture dorée :* de plus, les papas crurent devoir encore graver sur le front de leur fille, cette belle et digne maxime:

L'ARGENT DÉSORMAIS SERA UNE VÉRITÉ.

Enfin, nous voilà au sept août! grand jour celui-là! jour de résurrection! jour de liberté! jour de vérité! jour à jamais célèbre dans les destinées des jésuites tricolores!

Écoutez bien! regardez bien surtout! car on va vous faire un gouvernement tout neuf, un gouvernement mieux charpenté que la coupole de l'ex-panthéon, plus imposant que les pyramides d'Égypte et plus gracieux qu'un habit d'arlequin ! — Voyez les architectes ! comptez-les bien ! deux cent-dix-neuf !

Qui, au nom du peuple souverain, du peuple législateur ;

Au nom de droits, délégués par le peuple souverain ;

Au nom des volontés du peuple souverain ;

Au nom de mille petites raisons plus respectables les unes que les autres,

Vont, *par un effet magique et tout constitutionnel*, donner mouvement et santé à un être informe et chétif. — O mon Dieu ! comme il est faible, le pauvre enfant ! comme il tremble sur ses jambes ! Mon cher M. de Talleyrand, prêtez-lui un peu l'appui de votre béquille diplomatique ! Vous, M. Guizot ! portez-le sur votre canapé, et faites-le tenir bien tranquille ! Vous, M. Sébastiani, recommandez-lui *la sagesse*, car sa constitution est si faible que le moindre excès le perdrait infailliblement ! Et vous, MM. Thiers, Schonen, Mignet, Salvandy, Lameth, Villemain, Madier de Montjeau, chargez-vous de son éducation ! Mais, par grâce, ne mangez pas les sucreries, les bonbons et les confitures qu'on lui donnera ; il a besoin de toutes ces douceurs pour se conforter un peu, lui, si frêle, si maladif ! gardez-vous encore de lui laisser prendre le grand air ; s'il veut sortir absolument, suivez-le bien ! Ces vilains cabriolets sont si traîtres !... Ne permettez pas surtout qu'il *s'encanaille* ; ne le laissez jouer qu'avec des enfans de banquiers ou d'avocats ! Dites-lui souvent que bientôt il pourra faire ce qu'il voudra ; qu'il sera fort, qu'il sera maître de tout, qu'il sera plus riche que Crésus, plus puissant que Napoléon, plus aimé qu'une bonne mère, mais qu'en attendant il doit suivre le conseil de *ses bons amis !*

Confié à des mains aussi habiles, le petit gaillard a grandi singulièrement, et, si on ne l'arrête, il a vraiment une belle destinée ; car il a tout ce qu'il faut pour réussir dans le monde : de l'audace, de la présomption, de l'égoïsme, pas trop d'esprit ; c'est, comme on le voit, bien plus qu'il n'en faut pour faire un chemin honnête, quand surtout on n'a pas la sottise de regarder d'où l'on est parti.

Allons ! marche, mon garçon ! obéis à la fortune qui te pousse ! Ne crains rien, n'as-tu pas tes amis ? et quels amis ! Ils ont sauvé la France, ils te sauveraient dans un besoin urgent, et cela sans se fatiguer davantage ! Mets leur patriotisme à l'épreuve, et tu verras s'ils bronchent! Oh! l'on peut compter sur eux! Ce sont des courtisans, à la vérité, mais il y a courtisans et courtisans, et pour les tiens, je les garantis de première qualité, tous *extra superfins.*

Dis-moi, *gouvernement modèle*, crois-tu bien qu'il soit facile de trouver beaucoup d'hommes aussi honorables que M. Pasquier, l'ancien directeur des mouchards? As-tu rencontré des diplomates aussi *résolus* que M. de Talleyrand? des ministres aussi charmans que les tiens? des gendarmes aussi obéissans? des députés aussi complaisans? des procureurs-généraux aussi dévoués?... Des journalistes aussi accommodans?... Cherche! Cherche bien! Nulle part, tu ne trouveras ce que tu possèdes. Ta troupe est au grand complet. D'excellens chefs d'emploi, de bonnes utilités, des claqueurs impayables! La farce est on ne peut meilleure, mais je la trouve un peu longue; et pour ce : Je la siffle!

Pauvres gens que nous sommes, Français si fiers et si braillards! Capables tout au plus d'applaudir un méchant couplet de vaudeville ou d'oser offrir des banquets patriotiques aux Polonais! Sommes-nous assez hardis quand nous avons fait tout cela! Sommes-nous forts! Sommes-nous grands !... Pitié! Mille fois pitié!

Il nous sied bien vraiment de rappeler les soixante et douze heures de Paris! il nous sied bien, ma foi, de faire trophée de cet éclair de courage, de cette apparence de volonté! Tu es fier de tes soixante et douze heures! et des vingt et un mois qui les ont suivies, en es-tu fier? es-tu fier de la conférence de Londres, de l'extermination des Polonais, des pendaisons d'Italie? Es-tu fier des impôts qui t'écrasent, des gens du roi qui t'assomment et de la misère qui te poignarde? Tu serais fier, peut-être, de ces milliers de valets, de cette *canaille dorée, superbe et rampante;* magnifiques mendians, couverts d'impudence et de broderies! Tu serais fier, peut-être, des insolentes bravades que te prodiguent celui-ci dans un ordre du jour; cet autre dans une proclamation! Mais non, tu réserves toute ta fierté, toute ton admiration pour la splendeur d'une cour qui occupe quinze châteaux, et te fait la grâce de *recevoir* ton argent, pourvu qu'il soit de poids. Allons, de bonne foi, de quoi es-tu le plus fier? Choisis, il y a de la marge!

Mais pour Dieu! cessons de nous pavaner d'une conquête aussi dérisoire qu'elle a été sanglante, et prouvons, s'il se peut, qu'à l'avenir nous ne serons pas au plus intrigant, mais bien au plus digne.

Immédiatement après la lecture du pamphlet et de l'arrêt de la chambre des mises en accusation qui me renvoyait devant la cour d'Assises, M. le président me dit :

D. Accusé ! vous reconnaissez-vous l'auteur de l'écrit dont on vient de donner lecture ?

R. Oui, Monsieur.

D. Mais ne saviez-vous pas que cet écrit est coupable, car d'un bout à l'autre règne l'ironie la plus sanglante non-seulement contre le gouvernement actuel, mais encore contre les droits que le roi tient du vœu de la nation et contre la personne même du roi ?

R. Ce que vous appelez ironie est l'exacte vérité, et j'espère vous le démontrer bientôt.

D. A ce sujet, tout le monde ne pense pas comme vous, et Louis-Philippe a été réellement appelé au trône par le vœu de la nation.

R. Non, il n'est pas vrai que Louis-Philippe ait été appelé au trône par le vœu de la nation. MM. Cormenin et Châteaubriand l'ont assez prouvé.

D. Selon vous, le gouvernement établi ne serait qu'une véritable mystification ?

R. Pas autre chose.

D. Ce qu'ont fait les électeurs qui ont nommé les députés ; ce qu'ont fait les députés, tout est donc nul ?

R. Oui, tout est nul.

D. Mais, voyez où nous conduirait votre système, si tout ce qui a été fait depuis la révolution de juillet était nul ? à vous entendre, tout serait illégal.

R. Oui, tout est illégal.

D. A votre compte, MM. les jurés ne seraient pas compétens pour vous juger ?

R. Il est bien possible que je le prouve.

M. *l'avocat-général.* Dans ce cas, vous devez plaider de suite sur la compétence.

L'accusé. Je m'occuperai de cette question dans ma défense.

M. *le président.* Vous reconnaissez donc qu'il y a dans votre écrit ironie et outrages violens contre la personne du roi ?

R. Il n'y a pas une ligne dans mon écrit qui ne contienne une vérité.

D. Ce qui s'est fait en juillet ne devait donc pas se faire ainsi ?

R. Non.

D. Les députés n'avaient donc pas le droit de nommer un roi ?

R. Non, mille fois non.

D. Le roi ne tient donc point de pouvoir de la nation ?

R. La nation n'a rien pu lui donner, puisqu'il ne lui a rien demandé ; car, je ne regarde pas comme la nation une poignée d'intrigans et de solliciteurs qui ont travaillé pour eux.

M. le président. Prenez garde ! vos réponses confirment la culpabilité de votre écrit, elles vous compromettent davantage et pourraient faire aggraver votre peine ?

L'accusé. Je suis ici dans le temple de la vérité, je la dirai tout entière sans m'inquiéter des suites.

M. le président. Toutes vérités ne sont pas bonnes à dire.

L'accusé. Toutes vérités sont bonnes à dire.

M. l'avocat-général demande acte des dernières paroles prononcées par l'accusé.

L'accusé. Je ne récuse jamais mes paroles.

La cour, après avoir donné acte au ministère public de ses réserves contre l'accusé, invite **M.** l'avocat-général à prendre la parole.

M. Chaix commence par relire mon pamphlet d'un bout à l'autre. De commentaires, peu. D'analyse, point. Une toute petite méchante et niaise sortie contre les brouillons qui osent critiquer le gouvernement du roi, et puis, voilà tout. Ce n'était pas du persil, car *le persil* est plus hâbleur ; ce n'était pas du persil, car *le persil* est plus acariâtre ; ce n'était pas du persil, car *le persil* est plus intrépide. Que si vous me demandez ce que c'est que *le persil*, je vous répondrai que *le persil* est un bipède fort intelligent et très-attaché à ses maîtres. Voilà ce que c'est que le persil !

M. l'avocat-général ayant terminé son tout petit réquisitoire, M. le président accorde la parole à la défense. L'accusé se lève.

M. le président à l'accusé :

Avez-vous soumis votre défense à quelqu'un ! Je vous fais cette question, parce que vous paraissez dans un état d'irritation, dont votre défense se ressent peut-être.

L'accusé. Il y a vingt-un mois que je suis dans cet état.

Sans autre incident, l'accusé prend la parole en ces termes :

MESSIEURS LES JURÉS !

Je cherche parmi vous des jurés prolétaires, et je ne vois que des jurés privilégiés. Cependant, vous allez me juger. C'est de quoi, je me plains, Messieurs, non que je suspecte votre probité ou vos lumières, mais, parce que là encore le dogme de la souveraineté nationale n'est qu'une outrageante et amère dérision.

Si ce dogme, à jamais impérissable, n'eût pas été foulé aux pieds de la manière la plus scandaleuse, alors même qu'on l'invoquait; je ne serais pas moi, prolétaire, dans la douloureuse nécessité de décliner en quelque sorte la compétence de votre Tribunal, usurpation flagrante, mais conséquence impitoyable de tant d'autres usurpations *quasi-légitimes.*

Aussi, est-il de mon devoir de protester hautement contre le droit inique que se sont arrogés les privilégiés de juger les prolétaires ; aussi, est-il de mon devoir de déclarer à la face de tous que ce droit ne leur appartient pas, et que *la tolérance momentanée* des prolétaires, ne saurait constituer aux privilégiés, ni un droit, ni un *quasi*-droit, parce que, si la prescription est admise en matière civile, elle n'est pas écrite dans le livre des peuples.

Mais de quoi vous plaignez-vous, me dira-t-on ; n'êtes-vous pas jugés par des hommes citoyens comme vous, par vos pairs enfin ?... Mes pairs ! non ; car mes pairs à moi sont des prolétaires, *je n'en connais pas d'autres !* Mes pairs à moi sont comme moi, frappés d'ilotisme. Le gouvernement ne veut d'eux que leur argent, leurs bras et leur servitude, ayant peu souci que leurs intérêts soient ou ne soient pas représentés...

Applaudiriez-vous, MM., à un système qui remettrait vos existences politiques et sociales tout entières dans les mains des prolétaires ? Trouveriez-vous que ce système se soutenant par des coups de fusil et des coups de canon, dirigés cette fois contre vous, fût un ordre de choses admirable ? Ne vous paraîtraient-ils pas de vils égoïstes et des intrigans du plus bas étage ceux qui prétendraient vous enlever toute participation aux affaires publiques ? Dans cet état de choses, n'auriez-vous pas quelque raison de supposer ces hommes vos ennemis mortels, et les verriez-vous pour surcroît d'audace s'établir vos juges sans éprouver quelque effroi! Ce serait épouvantable qu'une pareille organisation. J'en conviens, Messieurs, cependant à un désordre qui semble si effrayant, on peut opposer un désordre beaucoup plus effrayant.

C'est de vous que je veux parler, privilégiés! De vous, 150 mille, qui trouvez tout naturel de tenir en vasselage une nation de 33 millions d'hommes; de vous 150 mille, qui trouvez tout naturel d'imposer les prolétaires, de les assujettir à telle ou telle loi qu'il vous a convenu de commander à vos députés; de vous, 150 mille, qui trouvez tout naturel encore de les juger; bien que dans vos journaux, dans vos salons, dans vos cafés, vous ne sachiez pas même dissimuler l'horreur que vous inspirent leurs personnes et leurs doctrines, et qu'à vos yeux, ils ne soient tous que des hommes avides de pillage et d'assassinats!

De sorte que, par une monstruosité digne de la Charte conçue et enfantée si audacieusement, le sort des prolétaires sera confié aux mains de leurs ennemis; jugés et condamnés par leurs ennemis, il ne leur restera plus qu'à courber la tête et s'incliner; et voilà ce qu'en 1832 on appelle de l'ordre légal !

Aussi, le droit de récusation m'est-il complètement inutile. car il n'est pas en ma puissance de faire que vous ne soyez bien tous des jurés privilégiés et moi autre chose qu'un vil, qu'un misérable prolétaire, comme dit l'estimable M. Jars.

Eh bien! Messieurs, le vil, le misérable prolétaire soustrait à ses pairs par la fraude et la trahison, vous accepte pour juges ! Il se soumet d'avance à l'arrêt que votre équité rendra; il vous concède aujourd'hui, sans préjudice pour l'avenir, le droit de prononcer sur son sort; et, en retour d'un pareil sacrifice, il ne vous demande qu'un instant d'attention, rien de moins, rien de plus.

L'accusateur public vous a fait connaître la nature des délits qui me sont imputés. J'en écarte un, et pour cause, celui d'offenses envers la personne du roi, parce que, si comme je l'espère, je me justifie complètement de l'autre, celui-ci ne saurait exister.

Atteintes aux droits que le roi tient du vœu de la nation: voilà bien mon délit, *qui de tous les délits sérieux est bien le délit le plus bouffon. Atteintes aux droits que le roi tient du vœu de la nation!* Cherchons bien, car je suis vraiment curieux de savoir où, quand et comment la nation a exprimé ou formulé son vœu?

Et d'abord. pour arriver plus promptement à la découverte de la vérité, je poserai une question décisive, accessible aux intelligences les plus obtenues. La voici : un roi peut-il prétendre tenir des droits du vœu d'une nation, lorsque cette nation n'a point exprimé, ni point formulé de vœu ? Non, me répondrez-vous. Je continue donc, et je dis : une nation exprime son vœu dans les assemblées primaires ; avons-nous eu des assemblées primaires ? une nation exprime son vœu par l'organe d'un congrès national constituant ; avons-nous eu un congrès national constituant ?

Maintenant, si aidé du témoignage de l'histoire ; si aidé du témoignage du fait ; si aidé encore du témoignage irrécusable de 35 millions d'hommes, je parviens à prouver qu'il n'y a point eu d'assemblées primaires, point de congrès national constituant sorti des assemblées primaires, soutiendrez-vous avec l'accusateur public, que le roi tient des droits du vœu de la nation ? Soutiendrez-vous encore avec lui, qu'une nation a parlé quand elle n'a pas parlé ; qu'elle a exprimé des vœux alors qu'elle n'a rien dit ? Eh bien ! je défie qui que ce soit de me prouver qu'il y ait eu des assemblées primaires ; je défie qui que ce soit, et l'accusateur public tout le premier, de me prouver qu'un congrès national constituant, émané des assemblées primaires, c'est-à-dire de la nation , ait exprimé le vœu que Philippe fût roi des Français. Or, si l'accusation ne peut répondre à mon défi, que par un honteux silence ; s'il reste établi de la manière la plus irrécusable qu'il n'y a point eu d'assemblées primaires, point de congrès national constituant sorti des assemblées primaires ; où donc alors la nation aurait-elle fait entendre sa grande, sa solennelle voix ?... Où donc, encore une fois, de quelle manière et dans quels lieux cette nation, mystifiée tant de fois par les intrigans, aurait-elle pu déléguer des droits réclamés aujourd'hui avec tant d'assurance ?...

Il n'y a pas de juste milieu ici. Le roi tient ses droits du vœu de la nation ou il ne les tient pas du vœu de la nation. S'il les tient du vœu de la nation, c'est que la nation a prononcé ; s'il ne les tient pas du vœu de la nation, c'est que la nation n'a rien dit. En France, la nation a-t-elle parlé ? Non ! La nation a-t-elle exprimé le vœu que l'ex-général égalité fût roi des Français ? Non, mille fois non.

Permis aux niais de croire que le roi des Français règne en vertu de telle volonté, parce que les journaux vendus l'affirment et que les accusateurs publics le soutiennent ; permis encore aux renégats politiques, aux arlequins légaux et constitutionnels de répéter chaque jour au peuple que le trône de juillet est son ouvrage, et que, pour entretenir sa besogne en bonne santé, il ne saurait lui donner trop d'argent; permis encore au pouvoir d'oser prétendre tenir ses droits du peuple, quand il sait mieux que personne que ce qu'il tient, il ne le tient pas du peuple, mais bien de l'escamotage et de l'hypocrisie; mais aussi, permis aux hommes qui ne craignent pas les taquineries des parquets, de protester contre la simplicité des uns et contre l'effronterie des autres; mais aussi, permis à de tels hommes de préférer tomber victimes de leur amour pour la vérité et de leur indignation pour tant d'impostures, plutôt que de condescendre à faire partie de la troupe de bateleurs qui, depuis bientôt deux ans, exploite la France à son bénéfice.

Que me reste-t-il à dire pour vous convaincre tous que Louis-Philippe ne tient point de droits du vœu de la nation ? Que jamais, à aucune époque, la nation ne l'a nommé son roi, et que les droits dont il se targue, ne lui viennent pas plus de la nation française que de la nation chinoise?

Cette vérité triviale : qu'un roi bâclé sans le concours des élémens constitutifs, au milieu de l'étonnement des uns et de la stupeur des autres, n'est qu'un corps mort-né et privé de tous droits, ne vous l'ai-je pas démontré jusqu'à la dernière évidence ? Et si vous êtes intimement convaincus que deux et deux font quatre, n'êtes-vous pas tout aussi convaincus que Louis-Philippe ne tient point de droits du vœu de la nation ?

Là devrait se borner ma tâche, car la cause du délit n'existant pas, il n'y a pas de délit. Mais, j'ai entendu l'accusateur public parler d'une certaine déclaration, datée du 7 août 1830, qui, si je l'en crois, vaut, à elle seule, plus que toutes les assemblées primaires du monde.

Avant de le suivre sur ce terrain, où tant d'autres se sont embourbés avant lui, témoins les fortes têtes Bertin-de-Vaux et Kératry, permettez-moi, Messieurs, de plaindre le sort de ces pauvres accusateurs publics, obligés par état et souvent par la fatalité des circonstances, de soutenir alternativement que le blanc n'est pas blanc et que le noir n'est pas noir. Quel métier ! Est-il assez rude ? Il y a vingt-un mois à peine, tout le parquet de Lyon, composé des mêmes hommes qu'aujourd'hui, avait à soutenir que Charles X tenait des droits de sa naissance, droits transmissibles par ordre de primogéniture, etc. ; alors, malheur à l'imprudent qui soulevait des questions intempestives sur ces droits de naissance et de successibilité ; traîné d'abord en prison, il n'en était pas quitte pour si peu de chose, il lui fallait subir encore une bordée de raisonnemens, tous plus concluans les uns que les autres, et il en coûtait à M. Chaix ou à M. Laval-Gutton, de lui prouver par A plus B que Charles X étant né dans tel château, tel jour, à telle heure, ses droits au trône de France étaient de la plus éclatante authenticité.

Mais, vous le savez, Messieurs, il est advenu que Charles X, malgré cette logique toute puissante, a perdu son trône et, avec lui, tous les droits que lui assurait sa naissance; il est advenu encore que son successeur ayant pu voir de ses yeux combien étaient fragiles des droits reposant uniquement sur un acte de naissance, a eu la fantaisie de tenir les siens, non de sa qualité de duc, non de sa qualité de prince du sang, mais bien du vœu de la nation. Ceci, Messieurs, est une fantaisie de Roi que MM. les accusateurs publics savent défendre avec le même zèle, avec la même intrépidité, et j'ajouterai encore avec la même conviction! Quand nous serons à dix, nous ferons une croix.

Sans autre digression, j'arrive à cette fameuse déclaration du 7 août 1830. C'est donc cette pièce à la main et par cette pièce seulement que Louis-Philippe prétend établir qu'il tient des droits du vœu de la nation? Il est donc forcé de convenir qu'il n'a de droits que ceux qui lui sont conférés par cette déclaration? Tant pis pour lui, alors, car je veux prouver, et de manière à être compris de tout le monde, que cette déclaration est une œuvre plus mensongère encore que ridicule. D'abord, cette déclaration, qui l'a faite? Qui! 219 ex-députés de l'ex-charte de 1814, de l'ex-charte de Charles X, de l'ex-charte octroyée. En effet, Charles X chassé, la charte anéantie aussitôt que violée, le peuple ressaisissant encore une fois son droit de souveraineté, les hommes proclamés députés sous l'empire de la défunte charte, pouvaient-ils réclamer le bénéfice de leur nomination? ne rentraient-ils pas immédiatement dans le droit commun? avaient-ils d'autres qualités que la qualité de citoyens? d'autres droits que les droits de tous?

Que si l'on prétend que ces 219 ex-députés étaient encore députés le 7 août 1830, malgré le naufrage de la charte, je demanderai alors de quelles poches sont sortis les mandats constituans dont ils avaient besoin pour constituer? Serions-nous sans le savoir, avancés en civilisation à ce point, qu'un mandat législatif puisse se transformer en mandat constituant, en raison de la souplesse et de l'habileté des porteurs de mandats? C'est ce dont il est permis de douter.

Ainsi donc, il est bien établi d'une part : que les députés de 1830 perdirent leurs qualités de députés le jour où Charles X perdit son titre de Roi; que leur mandat expira avec la charte de 1814, et que, dès ce moment, leurs droits se confondirent avec les droits de tous; il est bien établi encore, d'autre part, que pour constituer, il faut avoir reçu un mandat constituant, et que les électeurs n'ayant jamais donné aux députés de 1830 qu'un mandat législatif, ceux-ci n'étaient pas plus autorisés à fabriquer une charte qu'à fabriquer un roi.

Vous le voyez, Messieurs! que l'on admette l'une ou l'autre de ces hypothèses : qu'après la chute de Charles X, les députés proclamés tels sous l'empire de la charte octroyée, n'étaient plus députés le 7 août 1830, parce que la nation avait ressaisi son droit de souveraineté; ou bien cette autre : que ces députés étaient encore députés le 7 août 1830; toujours est-on forcé de convenir que s'ils n'étaient plus députés, ils n'avaient pas le droit de faire ce qu'ils ont fait, et que s'ils étaient députés, il ne le pouvaient pas davantage.

Voulez-vous, Messieurs, que je suppose un instant les 219 munis chacun d'un mandat constituant ? Eh bien ! nonobstant cette supposition toute gratuite, c'eût été mensonge de leur part que de parler du vœu de la nation, car les électeurs à 300 francs et les députés du double vote ne représentaient pas la nation.

Pour justifier mon assertion, il suffit de vous rappeler, messieurs, d'où venaient ces députés et ces électeurs. Ils venaient d'une charte octroyée. Serait-il nécessaire de vous rappeler dans quelles circonstances on nous octroya ce cadeau ? Ne vous souviendrait-il déjà plus des quinze cents mille baïonnettes qui nous suppliaient d'accepter l'offre au plus vite? Ne vous souviendrait-il plus encore que cette charte fut élaborée dans les camps autrichiens avec injonction à Louis XVIII de l'imposer à la France; et que ce monarque n'obtint l'aide des Russes qu'à cette condition ?

Maintenant, que ceux qui ne nient pas la lumière me répondent si ce pudding exotique avait quelque apparence de constitutionnalité ou de nationalité. Rien de constitutionnel, puisque des deux parties, l'une ne fut pas libre de refuser, et que là où il n'y a pas contrat synallagmatique, il n'y a pas de constitution. — Rien de national non plus, puisque la nation n'y prit point de part. — Rien de français, non plus, puisque pas un Français ne fut consulté.

Ai-je donc eu tort d'avancer que lors même que les électeurs de la charte autrichienne eussent donné des mandats constituans aux députés de 1830 ; ceux-ci n'auraient pu, sans mentir grossièrement, exprimer le vœu de la nation ? Ces électeurs, ces députés si fiers de leurs droits, de qui les tenaient-ils, vous l'avez vu ? Du roi de Prusse et de l'empereur d'Autriche.

Ainsi donc, encore une fois, munis même d'un mandat constituant, les députés de la charte cosaque ne pouvaient rien constituer au nom de la nation : tout s'y refusait ! Et s'il a paru agréable à deux cent dix-neuf personnes de singer les rois de la sainte alliance en ravaudant, à l'exemple de ces majestés, une charte à la France, l'histoire n'oubliera pas de consigner que non contens de s'emparer frauduleusement des droits du pays, ces prétendus représentans consommèrent leur sacrilége soustraction au nom même de ce pays.

Toutefois, messieurs, ce crime de lèse-nation ne se consomma pas sans quelques débats orageux provoqués par les scrupules d'un trop petit nombre. C'est curieux de voir dans le *Moniteur*, l'indignation qui s'empara de presque tous, lorsque M. de Corcelles proposa d'ajouter à la véridique déclaration : *Sauf l'acceptation du peuple*. L'insolent, allons donc ! de M. Casimir Périer, à ce brave et honnête député qui disait à tous ces hommes si pressés d'en finir : point de précipitation ! point d'allégation possible d'urgence ! Pour décider une question si importante que celle de l'élection d'un roi, le lieutenant-général doit convoquer les colléges pour envoyer des députés ayant des mandats *ad hoc*.

Houra général, cris des centres, vives apostrophes, voilà comment furent accueillies les dignes et loyales observations de M. Fleury. Mais il en fut autrement lorsque le prévoyant M. Persil vint caresser l'esprit des centres par ces douces paroles : *sans examiner qui nous étions et d'où nous venions, nous avons dû sauver l'état*, c'est-à-dire, sans examiner qui nous étions et d'où nous venions, nous avons dû nous arranger de telle sorte qu'une part du butin nous échouât en partage... Puis il ajouta : *quoi qu'on en dise la France ne s'enquerra de nos pouvoirs*, si nous sommes assez heureux pour satisfaire tout à la fois à ses besoins et à ses vœux...

Quoi qu'on en dise, la France ne s'enquerra pas de nos pouvoirs.... Ah ! la France ne s'enquerra pas de vos pouvoirs, et la raison, s'il vous plait ? Est-elle donc un cadavre cette France pour rester muette, alors qu'on lui happe ses droits, et qu'on rive ses fers ! elle ne s'enquerra pas de vos pouvoirs ? elle s'en enquière beaucoup, au contraire ; car,

par ses millions de bouches, elle vous demande compte de
votre replâtrage ; elle vous demande compte de ce trône que
vous avez donné si lestement ; de cet avenir, dont vous avez
disposé ; elle ne s'enquerra pas de vos pouvoirs ? Attendez !
attendez un peu, et vous verrez si cette France que l'on
peint si facile, s'en enquerra ou ne s'enquerra pas !

Convenez, Messieurs, que la chambre de 1830 a reculé
les bornes des spoliations et des mystifications ; convenez
que jamais, dans aucun pays, il ne se trouva deux cent
dix-neuf personnes assez osées pour prétendre représenter le
peuple sans vouloir aucunement connaître de ses goûts et
de ses préférences. Manière neuve, ma foi, d'exprimer son
vœu, que celle de ne vouloir le consulter ni avant ni après.

Pour me résumer en deux mots, j'ai dit et je répète que
Louis-Philippe ne tient point de droits du vœu de la nation,
parce qu'une nation ne peut exprimer son vœu que par l'organe d'un congrès national constituant, émané des assemblées primaires, et que nous n'avons eu ni assemblées primaires ni congrès national constituant. J'ai dit et je répète
que Louis-Philippe ne tient point de droits du vœu de la nation, parce que 219 ex-députés n'ont point qualité pour
représenter une nation ; enfin, j'ai dit et je répète que, lors
même que ces 219 ex-députés auraient encore été députés
le 7 août 1830, et munis chacun d'un mandat constituant,
ils ne pouvaient néanmoins rien constituer au nom de la
nation. Que si, forcé de convenir de la justesse de mes argu-
mens, on vient me jeter à la tête des motifs d'urgence, des
considérations d'urgence ; alors je me demande ce qu'on en-
tend par là, car je ne comprends plus rien ni aux mots, ni
aux faits, ni aux droits, ni aux principes.

Mais, que me parlez-vous d'urgence ? *Est-il jamais urgent
de voler ?* Oui, VOLER ! Pourquoi ne pas appeler les choses par
leur nom ? *On vole* chaque fois qu'on s'empare du bien d'au-
trui. *Les ex-députés se sont-ils ou ne se sont-ils pas emparés du bien
du peuple, de sa propriété la plus précieuse, son droit de souveraineté ?* Qui osera dire non ! Et, comme ce n'était pas assez de
le dépouiller, il fallait encore insulter à sa misère en préten-
dant qu'on ne lui prenait rien, que c'était lui au contraire
qui avait donné son bien de bonne grâce.

Voilà cependant la justice des hommes, Messieurs ! qu'un
pauvre diable, pour apaiser la faim de ses enfans, ait dérobé
un objet de la plus mince valeur ; on le traduit devant vous,
on vous le peint comme un vil scélérat ; on demande ven-
geance au nom de la société…. Il n'a pas, lui, à alléguer,
pour motifs d'urgence, pour considérations d'urgence, ses

bras inoccupés et ses enfans se mourant de besoin ! C'est un voleur, dit-on tout bas, il en a voulu à nos propriétés ; condamnons-le !

Mais que 219 personnes bien repues, de la classe des honnêtes gens enfin, aient commis un de ces vols qui atteignent toutes les familles, tous les citoyens d'un état ; et vite on trouve un mot pour les excuser : urgence ! — Malédiction ! voilà le vrai mot.

Avant d'en finir avec cette absurde et ridicule question d'urgence, permettez-moi, Messieurs, de vous soumettre à cet égard l'opinion de M. Cormenin, député de 1830 qui eut la loyauté de se croire sans mandat après la victoire du peuple.

« Vous me demandez pourquoi, lorsque vous improvisiez la charte, je suis resté, assis dans le silence, sur ma chaise curule. Etrange question ! Est-ce qu'il s'agissait d'une œuvre purement législative ? est-ce que j'avais dans ma poche mon mandat constituant ? est-ce que j'étais compétent pour délibérer et pour voter ? est-ce qu'il m'eût été, le moins du monde, permis de protester ? est-ce que je ne me trouvais pas avec des gens qui poussaient la vieille charte l'épée dans les reins, qui la traquaient au pas du course, qui ne souffraient ni discussion, ni délibération, ni amendement ; qui n'écoutaient aucun orateur, et qui, dans le tremblement de leurs frayeurs, criaient à voix sourde : Allons, allons, allons donc !

Je l'avouerai d'ailleurs : je ne me serais jamais senti le courage de dire : « Peuple héroïque, vous avez triomphé au nom de l'ordre, et j'ai peur de vous ! C'est à vous que moi, député proscrit, je dois la liberté, l'air que je respire, le soleil de la patrie qui m'éclaire, mes biens, mes amis, mes parens, nos lois, et lorsqu'il s'agit de vous, de votre bonheur, de vos droits, de votre avenir, je ne vous consulterais pas ! Vous avez vaincu l'anarchie dans vos ateliers, sur les places publiques, dans vos écoles, dans le palais des rois, et je redoute qu'elle n'éclate dans vos assemblées primaires ! vous vous êtes montrés sérieux dans le combat, patiens après la victoire, et moi je serai tellement pressé d'en finir que je vous fabriquerai sans qualité, sans mandat constituant, en deux heures, entre deux repas, une charte et un roi ! » Non, je ne pouvais tenir au peuple ce langage : son intérêt, son droit, ma reconnaissance, ma raison, mon devoir ne me le permettaient pas. »

Nous convenons bien, disent beaucoup de gens, qu'il n'y a eu ni assemblées primaires, ni congrès national constituant sorti des assemblées primaires ; nous convenons bien aussi que la chambre des députés n'avait pas le droit d'être constituante d'abord, puis ensuite législative, ces deux caractères s'excluant l'un l'autre ; nous convenons bien encore que cette chambre des députés en imposa dans sa déclaration du 7 août ; mais le peuple n'a-t-il pas en quelque sorte ratifié cette déclaration, en envoyant des députations au roi nommé par les 219 ? À cet argument, je répondrai par des faits, c'est que le peuple n'a point envoyé de députations au roi ; c'est qu'après les journées de juillet tous les intrigans, tous les comédiens des 15 ans se juchèrent jusques sur les impériales des diligences, bien moins pour féliciter le roi au nom du peuple qui les avait chargés de cette mission que pour troquer une ville ou un bourg contre une place.

Sans chercher si loin, Messieurs, n'a-t-on pas vu dans ce département un de ces prétendus envoyés du peuple recevoir un emploi, dans la magistrature, en échange d'une ville de 6,000 ames que, suivant ses expressions consignées au *Moniteur*, il déposait aux pieds du roi ? Le peuple de cette ville l'avait délégué auprès de Louis-Philippe, sans doute ? Eh, mon Dieu, non ! mais MM. les relucheurs de place disaient entre eux, nous voilà 3, 4, partons ! et pour être plus sûrs, organisons-nous en députations ! Voilà toute l'histoire de ces députations, de ces acclamations dont on fait tant de bruit !

C'est donc ainsi qu'on procède pour une élection royale ! c'est donc ainsi que s'arrangent et se brassent les destinées d'un grand peuple ! *on prend donc au sérieux les acclamations des bandes de solliciteurs pour les acclamations du peuple !* Toute la France vous a salué, dites-vous ? Eh oui ! toute la France, moins les républicains, moins les légitimistes, moins les bonapartistes. — Pour ne parler ici que des républicains, ils firent en juillet un pénible sacrifice, car ils immolèrent leurs convictions aux assurances trompeuses du parti d'Orléans. La France devait être si heureuse sous Louis-Philippe ! vous nous le promettez, dirent les républicains, elle sera heureuse et libre ! car, si non contens de la frustrer de ses droits, vous lui rendiez un jour ce qu'elle a voulu détruire, malheur à vous ! 21 mois se sont écoulés depuis ces funèbres journées : qu'ont vu les républicains, pendant ces 21 mois ? ce qu'ils ont vu, M. Cormenin va vous le dire ; ils ont vu :

« Le principe de la souveraineté du peuple foulé aux pieds ;

les conséquences de la révolution de juillet reniées, hon-
nies, persifflées; les patriotes députés calomniés; la vie des
hommes au bout de l'épée d'un sergent; les places publiques abreuvées, sans sommation préalable, par le meurtre
des citoyens; des conspirations ourdies par les embriga-
deurs et grossies par les réquisitoires, qui tombent, sous
les verdicts du juri, au bruit des sifflets; la presse, flagellée
comme une prostituée et traînée par les cheveux dans les
prisons du juste milieu; les renégats du libéralisme s'instal-
lant triomphalement dans les chaises curules des députés,
dans les préfectures, au conseil d'état; dans les tribunaux et
dans l'armée; les gardes nationales de Perpignan, de Lyon,
de Grenoble, de Carcassonne, licenciées; les municipalités
libérales, dissoutes; les guerriers de l'ordre légal, rémuné-
rés, décorés, applaudis, caressés pour de funèbres exploits;
le midi aux prises avec les verdets et l'ouest avec les chouans;
la liberté fustigée à coups de linière, comme ces esclaves
rebelles que les Romains envoyaient tourner la meule et
broyer le pain de la misère et du désespoir; des popula-
tions administratives brutalement mises hors de la loi; les
fonds secrets de la police employés à couvrir nos rues et
nos places de sbires et d'espions, comme si nous vivions
dans les angoisses d'une conspiration permanente; les hé-
roïques Polonais parqués à l'instar des prisonniers de guerre;
l'instruction primaire négligée; les entreprises de chemins
et de canaux arrêtées dans leur marche et serrées au cou
par l'étranglement des formalités; les dévouemens ministériels achetés par quelque méchant bout de ruban rouge;
tous les emplois, honneurs, salaires et dignités exclusive-
ment prodigués aux séides du ministère; les commissions,
même gratuites, composées d'hommes de coterie; une
aristocratie d'agiot, substituée à l'aristocratie de cour, gor-
gée d'or, pleine de mépris pour le peuple, et tremblant de
tous ses membres sous les ailes reployées de la peur; le com-
merce anéanti, l'agriculture ruinée et la bourse florissante;
les propriétaires appauvris et les fonctionnaires dans l'abon-
dance; une population hâve, flétrie, déguenillée, épuisée
de faim et de misère, et tombant par morceaux sous le
souffle pestilentiel et glacé du choléra; le passé presque re-
gretté et l'avenir chargé de tempêtes; l'enthousiasme éteint
et le patriotisme dérouté ou perverti; la torpeur de l'égoïsme s'enfiltrant par décrets, comme le froid du poison, du
cœur aux extrémités de l'empire; une camarilla sourde,
haineuse et grossière, tendant les fils de sa contre-police

dans l'ombre ; rien de généreux , rien de grand , rien d'organisé , rien de complet ; rien pour la gloire , rien pour la liberté , rien pour le peuple ; rien de national, rien de français ; point de génie dans les conseils, point d'unité dans l'exécution ; la France, passée de l'état inflammatoire, au marasme de la chronicité ; un roi irresponsable qui préside ; un ministre responsable qui ne gouverne pas ; des chambres sans conscience du présent et sans intelligence de l'avenir, qui, sur la fin, tissaient des lois comme d'autres machines tissent les bas ou les jupons ; des plaies envenimées qui rongent le cœur de l'état, et sous des chairs morbiles, une société qui suppure, et qui se fond. »

Voilà, Messieurs, de quelles ordures se compose toute notre histoire depuis vingt-un mois ! Voilà les fruits d'une révolution si belle dans son principe, si dégoutante dans ses résultats ! Et ce n'est pas tout encore ! c'était peu en effet pour les jongleurs tricolores d'avoir fabriqué uue charte avec les guenilles de la restauration ; il fallait que cette charte jurée à si grand fracas de probité et de délicatesse perdit sa virginité avant l'âge de deux ans ! Il manquait encore à la gloire de ses pères qu'elle fût violée sans que leur pudeur paternelle s'en offensât ; mais que dis-je, s'en offensât ! ils ont applaudi à la honte, au déshonneur de leur fille ! Si vous en doutez, Messieurs, lisez les ordonnances qui mettent en état de siége 4 départemens et la bonne ville de Paris, le tout précédé d'un rapport du sujet Montalivet approuvé par Louis-Philippe.

Où s'arrêtera le cours de ces iniquités ? Quel sera le terme de tant d'odieuses exactions, de tant d'augustes forfaitures ? Mais, c'est assez, c'est beaucoup trop même, car depuis long-temps toutes nos illusions sont détruites. Cependant , depuis quinze jours que de choses encore nous avons apprises ? *Que ce que Charles X n'a pu faire sans s'attirer le nom d'assassin et de roi parjure, mérite à son successeur des adresses de félicitations de ses Cours royales !* Qu'il est permis aux argousins de la quasi-légitimité de briser les presses de *la Tribune* et celles de *la Quotidienne !* Que la Cour royale de Paris, lasse de rendre des arrêts, elle aussi veut rendre des services, en consacrant l'odieux principe de rétroactivité !

Et puis, quand le cœur navré, quand la poitrine gonflée à la vue de tant d'atrocités, vous voulez savoir ce que pensent les privilégiés de toutes ces horreurs ; vous prenez leur organe à Lyon, *le Courrier*, où vous lisez ces mots stupidement cruels : TANT MIEUX (1) !

Je finis, Messieurs, car le courage me manque pour continuer cet ignoble inventaire, et je laisse à d'autres le soin d'énumérer cette trop longue liste de turpitudes.

Quant à moi, Messieurs, RÉPUBLICAIN JUSQU'AU FOND DES ENTRAILLES, c'est-à-dire ami de mon pays, je désespérerais de son salut, si je n'étais convaincu que d'un seul coup d'épaule il peut ressaisir ses droits et chasser les traîtres qui le ruinent et le déshonorent.

Voilà ce que je dirais à ces nouveaux prévôts éclos au soleil des trois jours, et affublés cette fois de l'habit militaire, si l'on me conduisait devant eux. Vous frissonnez à ce mot de prévôts? Ne frissonnez pas, Messieurs, car c'est sans frissonner que Louis-Philippe vient de créer ces tribunaux sanguinaires. Pourtant, comme tout le monde, il sait ce que pèse une tête d'homme dans la balance d'une Cour prévôtale. Ce qu'elle pèse, une tête d'homme ?... Elle pèse quelques pièces d'or jetées à la tête des juges, ou quelques morceaux de rubans !... Si les échos de cette salle pouvaient se faire entendre, de quelles affreuses révélations vous seriez confidens, Messieurs! car ici même, il y a eu une Cour prévôtale! des prévôts se sont assis où vous êtes assis ! Heureux aujourd'hui ceux qui sont traînés devant cette justice exterminative, on leur épargne au moins la douleur de voir les pages de boue et de sang qu'on ajoute à notre histoire. A de pareils juges, moi, je dirais *Merci !*

M. l'avocat-général ne me répliquant pas, les débats sont déclarés terminés, MM. les jurés envoyés en délibération et trois quarts d'heures après je m'entends condamner à trois ans de prison et 1,500 fr. d'amende.

Encore quelques mois de plus, dit M. Chaix à MM. de la Cour, et puis je suis content! — Accusé, dit M. le président, qu'en pensez-vous? — L'accusé fera ce que vous voudrez, Messieurs!

M. le président: Eh bien, la Cour vous condamne, en sus, à six mois de prison et 1,000 fr. d'amende.

------

(1) Là, je m'arrêtai, quoique je n'eusse pas encore fini. Fis-je bien, fis-je mal! Mais je pris en pitié toutes les figures rouges, vertes et olivâtres de quelques-uns de mes jurés et de MM. de la Cour, en particulier. Ce qui me restait à dire : le voici :

Lyon, imprimerie de D.-L. AYNÉ, rue de l'Archevêché,